ESSAI

DE

BIBLIOGRAPHIE

TUNISIENNE.

OU

*Indication des principaux ouvrages publiés en
France sur la Régence de Tunis*

PAR

A. DEMARSY

Secrétaire de la Société de l'École impériale des Chartes,
Membre de la Société de Géographie de Paris,
de la Société de l'Histoire de France,
Correspondant de la Société impériale des Antiquaires de France,
de l'Académie d'Archéologie de Belgique,
de la Société bibliographique,
etc., etc.

PARIS — 1869

Arras, typ. Rousseau-Leroy.

ESSAI

DE

BIBLIOGRAPHIE TUNISIENNE

ESSAI

DE

BIBLIOGRAPHIE

TUNISIENNE

OU

Indication des principaux ouvrages publiés en France sur la Régence de Tunis

PAR

A. DEMARSY

Secrétaire de la Société de l'École impériale des Chartes,
Membre de la Société de Géographie de Paris,
de la Société de l'Histoire de France,
Correspondant de la Société impériale des Antiquaires de France,
de l'Académie d'Archéologie de Belgique,
de la Société bibliographique,
etc., etc.

PARIS — 1869

Depuis plus de deux siècles, les nations barbaresques ont presque constamment attiré l'attention de la France ; c'est ce qui explique le grand nombre d'ouvrages publiés jusqu'à ce jour sur la Régence de Tunis.

L'utilité de la bibliographie est trop bien démontrée pour qu'il soit nécessaire d'insister sur le but que nous nous sommes proposé dans cet essai de bibliographie tunisienne, et, s'il en était besoin, nous nous bornerions à citer les quelques lignes que notre savant confrère, M. Barbié du Bocage, plaçait en tête de sa bibliographie annamite : « C'est un axiôme que la première base d'une étude sérieuse est la connaissance des sources auxquelles on devra puiser, mais lorsque cette étude porte sur l'histoire ou la géographie pour lesquelles les faits dûment éclaircis ont seuls de la valeur, la possession d'une notice bibliographique est doublement précieuse ».

A l'indication des titres exacts des ouvrages publiés, nous avons joint assez souvent quelques mots sur leur contenu, et nous avons complété cette nomenclature en y faisant entrer les mémoires et articles publiés dans des revues ou des collections scientifiques et n'ayant pas été tirés à part.

Bien que ne comprenant dans cet essai que les ouvrages

publiés en France, nous avons noté aussi quelquefois des travaux parus à l'étranger et qui peuvent en être utilement rapprochés.

Nous avons négligé tous les ouvrages généraux sur l'Afrique ou sur l'Empire ottoman, renfermant des renseignements sur Tunis; mais nous y avons fait figurer quelques travaux sur la topographie et l'archéologie de l'Algérie qui fournissent des détails importants sur la Régence.

Tous ces ouvrages ont été classés par ordre méthodique, et afin de faciliter les recherches nous avons donné à la fin une table des auteurs.

Un appendice comprend l'indication des principaux travaux publiés sur Carthage et les Carthaginois, mais nous ne nous dissimulons pas que cette dernière partie laisse beaucoup à désirer. Aussi pourra-t-elle devenir le sujet d'une nouvelle publication.

Sans chercher à faire la bibliographie des manuscrits relatifs à Tunis renfermés dans les bibliothèques publiques de France, nous avons signalé quelques manuscrits qui se trouvent à la Bibliothèque impériale.

Ce travail n'est qu'un premier essai, encore bien incomplet, mais qui pourra peut-être fournir quelques utiles jalons à ceux qui voudront continuer à marcher dans la voie que nous ouvrons, et nous espérons que de nouvelles recherches et des communications bienveillantes nous mettront à même de rendre un jour cette étude moins imparfaite.

Géographie et Ouvrages généraux.

—

E. Pellissier, membre de la commission scientifique d'Algérie. Description de la Régence de Tunis. Paris, 1853, Imp. imp. 1 vol. in-8° avec carte (publié dans l'*Exploration scientifique de l'Algérie*).

M. Pélissier, ayant habité plusieurs années la Régence, en qualité de vice-consul de Sousa, l'a parcourue à diverses reprises, et les détails qu'il nous donne sont surtout d'un grand intérêt en ce qui concerne l'état actuel de la Tunisie, son administration, ses produits, etc. Au point de vue archéologique, il a ajouté peu de choses aux découvertes des voyageurs qui l'avaient précédé (Guérin).

Vivien de Saint-Martin. Le Nord de l'Afrique dans l'antiquité grecque et romaine. Étude historique et géographique accompagnée de quatre cartes. Paris, Imp. imp. 1863. Gr. in-8°.

Mannert. Géographie ancienne des États barbaresques, traduit de l'allemand par MM. L. Marcus et Duesberg, avec des additions de M. Marcus. Paris, 1842. 1 vol. in-8°.

La Tunisie, article publié dans la *Revue de l'Orient*, 1re série, t. I, p. 1 à 19. 1847. Il renferme notamment une note justificative de l'expression de Tunisie, des indications géographiques et des notions d'histoire naturelle.

E. CARETTE. Recherches sur l'origine et les migrations des principales tribus de l'Afrique septentrionale et particulièrement de l'Algérie.

Paris, 1853. 1 vol. in-8°, publié dans l'*Exploration scientifique de l'Algérie*.

PRAX. Observations sur Tunis et le nord de l'Afrique. *Revue de l'Orient*, n° de mars 1850.

L'auteur s'attache à donner des renseignements précis sur les calendriers musulmans, la division du jour chez les Arabes, la longueur des journées de marche des caravanes, l'évaluation du mille arabe et les monnaies, poids et mesures de Tunis.

E. CARETTE. Études des routes suivies par les Arabes dans la partie méridionale de l'Algérie et de la régence de Tunis, pour servir à l'établissement du réseau géographique de ces contrées. Paris, 1834. 1 vol. in-8° avec une carte. Publié dans la collection de l'*Exploration scientifique de l'Algérie*.

Ce travail, disait M. de la Roquette, dans la notice annuelle des progrès des sciences géographiques, a donné lieu à un canevas géographique qui l'accompagne et qui assigne les positions probables d'un grand nombre de stations, villes ou villages, dont les noms mêmes étaient demeurés inconnus jusqu'à ce jour.

Général Duvivier. Recherches et notes sur la portion de l'Algérie au sud de Ghelma, depuis la frontière de Tunis jusqu'au mont Auress, indiquant les anciennes routes encore apparentes. Paris, imp. Vassal, 1841. In-4° avec carte.

Ce travail publié seulement pour quelques amis n'a pas été mis dans le commerce.

Lieutenant Spratt. Remarques sur le lac de Benzerta dans la régence de Tunis, faites en mai 1845.

Imprimée dans le journal de la société géographique de Londres, tom. xii, cette étude a été analysée dans le *Bulletin de la Société de géographie*, 3° série, t. vii, 1847.

A ces indications, il faut ajouter la carte de la Régence de Tunis, gravée au dépôt de la guerre en 1843, d'après les matériaux fournis par MM. Falbe, capitaine de vaisseau danois, et Pricot de Sainte-Marie, capitaine d'état-major français.

Ch. Tissot. La Tunisie, dans la *Revue africaine*, 1866, n° 58.

Henry Dunant. Notice sur la Régence de Tunis. Genève; Fix, 1858. Gr. in-8°.

Cet ouvrage qui n'a pas été mis dans le commerce, comprend les chapitres suivants : Résumé historique; ville de Tunis; la cour; armée, marine, impôts; climat et productions; industrie et commerce; villes et localités diverses; religion et littérature; année musulmane; esclavages des Maures, des Arabes et des Djébélias; coutumes et superstitions des juifs de Tunis; société et population.

H. DE CHARENCEY. La Régence de Tunis (*Revue orientale et américaine*, t. I, pag. 297 et t. II, pag. 51, 1859).

L'auteur, rendant compte du travail de M. Dunant, a donné un résumé aussi complet que possible des notions recueillies jusqu'à cette époque sur Tunis et son territoire. Des renseignements communiqués à M. de Charencey par M. Soliman el Haraïra, interprète du consulat général de France à Tunis, lui ont permis de compléter son travail et d'y joindre un certain nombre de détails nouveaux.

A. DE FLAUX. La Régence de Tunis au XIX⁰ siècle. Paris, in-8°, 1865.

Chargé d'une mission scientifique, M. de Flaux a parcouru le pays dans tous les sens, non pas seulement en archéologue, mais encore en touriste et en observateur. Il donne à la suite de son travail, une traduction de la constitution tunisienne, une analyse des principaux traités conclus par le bey avec les puissances occidentales, et la traduction de quelques poësies arabes. — Des analyses de l'ouvrage de M. de Flaux ont été publiées dans le *Journal des Savants* de septembre 1866, et dans les *Annales des Voyages*, 1866, 2ᵉ vol. pag. 228 (article de M. Privas).

Nous signalerons ici deux publications étrangères qui complètent les travaux dont nous avons déjà donné l'indication, ce sont : Algeria and Tunis in 1845, par le capitaine Clark Kennedy. Londres, 1846. 2 vol. in-8°, et la Reggenza di Tunisi considerata nei suoi rapporti géografici, storici, archeologici, idrografici, commerciali, etc., par Guglielmo Finotti. Malte, 1857, in-8°.

CH. CUBISOL. Notice abrégée sur la Régence de Tunis.

1 vol. in-18°. Paris, Challamel, 1867. Avec 16 planches d'inscriptions antiques.

Le même auteur a publié sous le même titre, en 1866, un cahier autographié, suivi de l'indication des produits envoyés par S. A. le Bey à l'Exposition universelle de Paris. Ce mémoire renferme surtout des renseignements statistiques.

PRAX. *Tunis.* Dans la *Revue de l'Orient,* 2° série, t. VI, 1849. Suite d'articles sur la population, les usages, mesures et monnaies, et sur l'histoire naturelle. Les tomes IX et X (1851) de la même collection comprennent la suite de ce travail relative à l'industrie, au commerce et à l'agriculture.

On peut consulter aussi pour l'histoire du commerce de Tunis le précis de l'histoire et du commerce de l'Afrique septentrionale de M. Mauroy, plusieurs fois imprimé.

Historiens français.

Afrique moderne, Tunis, par M. le docteur FRANK, ancien
médecin du bey de Tunis. Dans la collection de l'*Univers
pittoresque*, publiée par Didot, 1850. In-8° avec carte et
gravures. Ce travail a été accompagné d'une histoire de
Tunis, par M. J. Marcel, ancien membre de l'institut d'É-
gypte, et ancien directeur de l'imprimerie impériale. Une
partie de l'édition a été mise en vente avec le nouveau titre
de : Histoire de Tunis, par MARCEL, précédée d'une description de cette régence, par le docteur Frank, 1851.

Annales tunisiennes ou aperçu historique sur la régence
de Tunis, par Alphonse ROUSSEAU, consul de France, ancien
premier interprète du consulat général de France à Tunis.
In-8°, 1864. Alger, Bastide.

Faire un précis historique des événements dont la régence
de Tunis a été le théâtre, puis raconter avec plus de détails
les faits écoulés depuis l'expédition de Charles-Quint, en
1535, jusqu'à la prise d'Alger, en 1830, tel est le but que
s'est proposé M. Rousseau, disait M. le baron Aucapitaine,
dans un article des *Nouvelles Annales des voyages* (1865,
t. II, pag. 93).

La collection des textes des traités conclus entre les beys et les différents États de la chrétienté complète cet ouvrage.

M. le baron de Testa a publié aussi dans le *Recueil des traités de la Porte ottomane avec les puissances étrangères* (Bibliothèque diplomatique. Paris, 1864) une collection des traités de la France avec les régences de Tunis et de Tripoli depuis 1604 (appendice du tome Ier, pag. 520). Il doit dans les autres volumes de cette collection donner l'analyse des traités des autres puissances avec ces régences.

Recueil des traités de paix et de commerce et documents divers concernant les relations des chrétiens et des Arabes de l'Afrique septentrionale au Moyen Age, par L. DE MAS LATRIE. Paris, Plon, 1867. In-4° [1].

Cet ouvrage renferme un grand nombre de documents qui concernent les rapports des républiques de Gênes, de Florence, de Lucques, de Venise et des rois de la Sicile, de l'Aragon, de Majorque, de la Sardaigne et de la Corse avec les rois de Tunis, de Maroc, de Bougie, d'Alger, et les seigneurs de Tripoli, des Iles Baléares, etc. Trente-cinq de ces pièces concernent Tunis; la plus ancienne est du 10 juillet 1157, et la dernière du 15 mars 1465. Ces actes ont été recueillis par M. de Mas Latrie, dans les archives de France, d'Italie et d'Espagne (les archives du Bardo, à Tunis, ne renfermant pas de traités antérieurs au XVIIe siècle).

Avant la publication de M. de Mas Latrie, divers traités avaient déjà été publiés ; ainsi, MM. Champollion et Reinaud avaient donné, dans les *Mélanges des documents inédits* (Paris, Imp. roy., 1843, t. II, p. 71), des traités de paix en dialecte

[1] La préface de ce travail a été publiée pour la première fois dans la *Bibliothèque de l'École des chartes*, 1866, t. XXVII, pag. 400.

catalan et en arabe, conclus en 1270, 1278, 1312 et 1339
entre les rois de Majorque, comtes de Roussillon et de Cer-
dagne, seigneurs de Montpellier, avec les rois Maures de
Tunis et d'Alger. — M. Sylvestre de Sacy avait inséré dans
les *Mémoires de l'Académie des inscriptions* (1826, tom. XIX,
pag. 448) un mémoire sur le traité fait entre le roi de Tunis
et Philippe le Hardi, en 1278, pour l'évacuation du territoire de Tunis par l'armée des Croisés [1]. — M. Charrière,
dans son ouvrage intitulé : « Négociations de la France dans
le Levant, ou correspondances, mémoires et actes diploma-
tiques des ambassadeurs de France à Constantinople, et des
ambassadeurs envoyés ou résidents à divers titres à ......, et
dans les Etats de Tunis, d'Alger et de Maroc (4 vol. in-8°,
Imp. imp., *Collection des documents inédits*, 1848 à 1860) »,
donne des détails importants sur les négociations de la France
et de Tunis jusqu'au XVIe siècle, et reproduit divers documents, entre autres la lettre de Louis XI au roi de Tunis, et
celle du comte d'Anguillara sur la victoire de Charles-Quint
(en 1535) [2].

Nous indiquerons aussi parmi les sources à consulter
pour l'histoire diplomatique de Tunis, la publication de
M. Amari : I Diplomi arabi del reale archivio Fiorentino (Florence, Lemonnier, 1863. In-4°).

Ce livre, digne des précédents travaux de ce savant auteur, renferme quatre-vingt-quatre documents originaux, de
1150 à 1509. Sur ce nombre, quarante-et-un sont relatifs
aux royaumes arabes de l'ouest ou du Magreb, de Tripoli au
Maroc [3].

[1] L'original de ce document est conservé aujourd'hui aux archives de l'Empire, dans l'armoire de fer, à côté des actes les plus importants de notre histoire.

[2] Cette pièce a été copiée dans le manuscrit Harlay Saint-Germain, 248. Bibliothèque impériale.

[3] Il existe dans un manuscrit du fonds Serilly, à la Bibliothèque impériale,

Nous ne mentionnerons pas les historiens de la Croisade de saint Louis à Tunis, nous citerons seulement les noms de Joinville et de Le Nain de Tillemont, et nous signalerons les extraits de chroniques arabes insérés dans les collections de Michaud et de Petitot. Indiquons encore : Dernière Croisade et mort de saint Louis, par Fréd. DE RICHOUFTZ. Paris, 1845. In-8°. — Notice sur la construction et la dédicace de la chapelle Saint-Louis, érigée par le roi des Français, Louis-Philippe Ier, la onzième année de son règne (1841), sur les ruines de l'ancienne Carthage, près de Tunis. Paris, 1841. In-4°. — Le Monument de saint Louis à Tunis ; ode par A. BIGNAN. 1841.

Coppie des lettres envoyées par l'impériale Majesté....... touchant la prinse de la Goullette, etc. Anvers, in-4°, 1535.

Tel est le titre d'une plaquette indiquée dans la sixième édition du *Manuel du libraire* de Brunet, sous le n° 26,054, et que nous n'avons pu avoir entre les mains [1].

Nous ne citons ici que pour mémoire un elzévir, imprimé à Amsterdam, en 1681, sous ce titre : Homaïs, reyne de Tunis. C'est un roman satyrique sur la cour de Louis XIV.

BERBRUGGER. Situation religieuse et politique de la Mau-

---

un « Discours au vray de tout ce qui s'est passé tant au voiage que le sieur Samson Napoléon, gentilhomme ordinaire de la chambre du Roy et chevalier de l'ordre de Saint-Michel, a faict à Constantinople par le commandement de S. M. qu'à Thunis et Arger pour le traité de la paix de Barbarie avec le compte et l'estat de la recepte et dépense sur ce faitte et rachapt des esclaves (1628). Nous publierons prochainement ce document que nous croyons inédit.

[1] Hélyot donne dans son *Histoire des ordres religieux* (tom. VIII, pag. 444, éd. de 1719), une dissertation pour démontrer l'erreur dans laquelle sont tombés Giustiniani, Schoonebeck et Hermann en parlant d'un prétendu ordre créé sous le nom de Tunis, par Charles-Quint, à la suite de cette expédition.

ritanie lors de la grande révolution berbère à la fin du troi-
sième siècle.

(*Revue africaine*, journal de la société historique algérienne, 1865, n° 51.)

V. GUÉRIN. Etablissements catholiques dans la Régence
de Tunis (*Bulletin de l'OEuvre des Écoles d'Orient*, janvier
1865).

Ce travail fournit des renseignements sur Tunis, la Goulette, Carthage, Sousa, Mahedia, Sfax, Porto-Farina, Bi-
zerte et l'île de Djerba.

On peut consulter à propos de l'histoire religieuse de cette
partie de l'Afrique pendant les premiers siècles : 1° Historia
persecutionis Vandelicæ, par Dom Ruinart. 1 vol. in-8°,
Paris, 1694 ; 2° Africa Christiana, par Morcelli. 3 vol. in-f°,
Brescia, 1816.

—

Histoire de l'Afrique, par Mohammed Ben Abi-el Raïni-el-Kaïrouani, traduit de l'arabe par MM. E. PELLISSIER et REMUSAT. Paris. In-4°, imp. roy. 1847 (7ᵉ volume de l'*Exploration scientifique de l'Algérie*).

Cet auteur donne une description de Tunis et de l'Afrique en général, suivie de l'histoire des différentes dynasties qui ont régné sur Tunis jusqu'à l'an 1681 de notre ère, et terminée par une description des curiosités de la ville et des usages de ses habitants. C'est, disait M. Mohl, dans un rapport à la société asiatique, en 1846, une chronique écrite d'après le modèle général des chroniques arabes et qui participe de leurs défauts et de leurs qualités ordinaires. La description de l'Afrique avant l'invasion des Musulmans est remplie de fables et d'incertitudes; l'histoire des premiers siècles de leur domination forme une compilation bien ordonnée, mais un peu sèche; à partir du XIIIᵉ siècle, le récit prend un peu plus de vie; on y trouve des renseignements originaux et tirés de la tradition orale, surtout dans la dernière partie qui traite de la conquête de Tunis par les Turcs.

Le grand défaut de ce livre, dit encore M. Mohl, est le point de vue étroit qui caractérise les historiens musulmans qui se contentent d'enregistrer les faits matériels les plus frappants, et, hors de là, ne s'occupent que de ce qui touche directement les intérêts de leur religion.

Extrait de l'histoire de la dynastie des Beni-Hafss, par Abou Abdallah Mohammed ben Ibrahim El-Lowlowi El-Zerkeschi. Fragment traduit par M. Alphonse ROUSSEAU. *Journal asiatique*, 4ᵉ série, t. XIII, 1849, pag. 269.

Ce travail, adressé sous forme de lettre à M. Reinaud, renferme le texte et la traduction française d'un extrait relatif à l'usurpation du pouvoir hafssite, par un aventurier du nom de Ahmed ben Merzouk eben Abi Amara, qui, l'an 681 de l'hégire, se fit proclamer à Tunis sous les noms de El-Fedhel eben Abi Iakaria Iehia el-Ouatsêq.

Histoire des Berbères et des dynasties musulmanes de l'Afrique centrale, par Ibn Khaldoun; traduite de l'arabe par M. le baron DE SLANE. Alger, 1852. 4 vol. in-8°.

On trouve dans cet ouvrage l'histoire de plusieurs des dynasties qui ont régné sur Tunis, et notamment de celle des Hafssites.

Voyageurs orientaux.

—

Voyage du scheikh El Tidjani, dans la Régence de Tunis pendant les années de 706, 707 et 708 de l'hégire (1306 à 1389), traduit de l'arabe par M. Alphonse ROUSSEAU. 1 vol. in-8°. Extrait du *Journal asiatique*, 1re série, t. XX, 1852, et 5e série, t. I, 1853.

Voyages dans le sud de l'Algérie et des États barbaresques de l'ouest et de l'est, par Al-Aïnci-Moula-Ahmed, traduits par M. Adr. BERBRUGGER. Paris, 1846, imp. roy. (dans l'*Exploration scientifique de l'Algérie*.

Relation d'un voyage dans l'intérieur de l'Afrique septentrionale, par Hhâggy-Ebn-Al-Dyn-el-Eghouâthy, traduit et annoté par M. d'AVEZAC, publié dans le *Bulletin de la Société de géographie*, 2e série, t. 1, pag. 277 et 349 ; t. II, pag. 81 et 145, et appendice sur l'emploi de nouveaux documents, t. IV, pag. 347 et t. V, pag. 144. Ce travail renferme une étude très-complète sur la géographie et les routes de la Régence de Tunis.

Notice et extraits du voyage d'El-Abdery à travers l'Afrique septentrionale au VIIe siècle de l'hégyre, par A. CHERBONNEAU. 1 vol. in-8°, 1860.

M. Cherbonneau a aussi publié une description de Tunis d'après El-Abdery dans le *Journal asiatique*, 1854, 5e série, t. IV, p. 163.

A cette occasion, le traducteur cite comme les meilleurs livres arabes à consulter pour la description de Tunis, ceux d'Ibn-Chemma, d'Ibn-Chessat, d'El-Bekri, d'Ibn-Abi-Dinar, du cheikh El-Fidjani, de Loulouï Ez-Zerkecki, et d'Ibn-Konfond.

Géographie d'Edrisi, traduite de l'arabe par M. Amédée JAUBERT, dans le *Recueil des mémoires*, publié par la société de géographie, t. v et vi. In-4°, 1836 et suiv. On trouve dans ce traité écrit au XIIe de J.-C. des renseignements curieux sur Tunis, p. 252 à 278.

Note sur Tunis dans une description de l'Afrique d'Ibn-Haugal, traduite par le baron DE SLANE. *Journal asiatique*, 1e série, t. XIII, 1842, p. 177.

Description de Tunis. Extrait de la description de l'Afrique septentrionale d'El-Bekri, traduite par M. DE SLANE. *Journal asiatique*, 5e série, t. XII, 1858, p. 505. (Voyage fait en 1068 de J.-C.)

Ouvrages relatifs aux Corsaires

Récits des Esclaves. — Voyages des Pères de la Merci.

Le Père François DAN (de Fontainebleau). Histoire de la
Barbarie et de ses corsaires, des royaumes et des villes d'Alger, Tunis, Salé et Tripoli, en six livres, où il est traité de
leurs gouvernements, mœurs, brigandages, sortiléges, etc.
Paris, 1637. In-4°.

Cet ouvrage fut réimprimé à Paris en 1649, in-folio, sous
le titre de : Histoire des royaumes et des villes d'Alger, de
Tunis, de Salé et de Tripoli, augmentée de plusieurs pièces.
Il a été traduit en flamand par Simon de Wies. Amsterdam, 1648. 2 vol. in-fol.

Précis historique sur les nations barbaresques, suivi d'un
Tableau des crimes, des horreurs et des brigandages des pi-
rates africains, des souffrances et des tourments qu'endurent
ceux qu'ils réduisent en esclavage. Paris, Figer, 1816. 2 v.
in-18.

2

État chrétien et politique des royaumes de Tunis, d'Alger, de Tripoli et de Maroc, contenant l'histoire naturelle et politique des peuples de ces contrées, la manière dont les Turcs y traitent leurs esclaves, comme on les rachète, et diverses aventures. Rouen, 1703, in-12, et La Haye, 1704.

Cet ouvrage qui a pour auteur Laugier de Tassy, promet par son titre beaucoup plus qu'il ne donne, et ne renferme que des notions très-superficielles.

Histoire des États barbaresques qui exercent la piraterie, contenant l'origine, les révolutions et l'état présent des royaumes d'Alger, de Tunis, de Tripoli et de Maroc, avec leurs forces, leurs revenus, leur politique et leur commerce, par un auteur qui y a résidé plusieurs années avec un caractère public, traduit de l'anglais par Royer de Prebadé. Paris, Imbert et Hérissant, 1757. 2 vol. in-12.

C'est une retraduction augmentée de l'ouvrage de Laugier de Tassy, qu'un anglais s'était approprié. Dans cet état, dit Boucher de la Richarderie, il est principalement recommandable sous les rapports de l'économie politique et de l'état militaire et maritime des trois régences.

Cet ouvrage fut encore réédité, en 1750, à La Haye, en un volume petit in-8°, sous le titre de : État général et particulier du royaume et ville d'Alger, de son gouvernement, de ses forces de terre et de mer, par Leroi. Il est augmenté de notes tirées du dictionnaire de Moreri et de l'état chrétien et politique des royaumes de Tunis, d'Alger, de Tripoli et de Maroc, imprimé à Rouen en 1703, et cité plus haut.

Relation des voyages de M. de Breves, faits en Hierusalem, Terre sainte, Constantinople, Œgypte, Affrique, Barbarie, qu'aux royaumes de Tunis et Arger qu'autres lieux. Paris, 1630. In-4° (voir pag. 303 à 535).

Ce voyage a été fait en 1605 par M. de Brèves, qui avait rempli les fonctions d'ambassadeur de France à la Porte.

Relation du voyage et prinse de quatre galions du roy de Tunis en Barbarie, faite par les galères de Malte, sous le commandement du fr. de Cremeaux. Traduit de l'italien. Paris, 1629. Pièce in-8°.

Voyages faits pour la rédemption des captifs à Tunis et à Alger en 1720, par les PP. Comelin, Philémon de la Motte et Bernes. Paris, Sylvestre, 1721. In-12

Cette relation, qui renferme des détails à la fois curieux et instructifs, a été publiée par le P.-J. de la Faye.

Relation du voyage pour la rédemption des captifs, aux royaumes de Tunis et d'Alger, en 1723, 1725, par J. de la Faye. Paris, 1726. In 12.

État des royaumes de Barbarie, Tripoli, Tunis et Alger, contenant l'histoire naturelle et politique de ces pays, la manière dont les Turcs y traitent les esclaves, comme on les rachète, et diverses aventures curieuses, avec la traduction de l'Église pour le rachat et le soulagement des captifs, par les PP. Geoffroy, Comelin et Philémon de la Motte. Rouen, Machuel, 1731. In-12.

Mémoires historiques qui concernent le gouvernement de l'ancien et du nouveau royaume de Tunis, par M. de Saint-Gervais, ancien consul de France. Paris, 1736. In-12.

Quoique portant la rubrique de Paris, cet ouvrage a été publié à Genève.

Lettre d'un comédien à un de ses amis touchant sa captivité chez les corsaires de Tunis. Paris, 1741. In-12.

Voyage dans les États barbaresques de Maroc, Alger et Tripoli, ou lettre de l'un des captifs qui viennent d'être rachetés par MM. les chanoines de la Sainte-Trinité. Paris, 1785. In-12.

Cet ouvrage, qui a été traduit en allemand (Lubeck, 1786; in-8°), est un tissu d'absurdités, et l'auteur paraît absolument étranger à la connaissance des mœurs et usages des peuples dont il parle.

—

Voyages de M. Shaw, D. M., dans plusieurs provinces de la Bulgarie et du Levant, contenant des observations géographiques, physiques, physiologiques et mêlées, sur les royaumes d'Alger et de Tunis et sur la Syrie, l'Égypte et l'Arabie Pétrée, avec des cartes et des figures, traduits de l'anglais. La Haye, Jean Neaulme, 1743. In-4°.

Ouvrage curieux, dont la description de Tunis est très-complète et auquel Boucher de la Richarderie consacre dans le quatrième volume de la *Bibliothèque des voyages*, un article fort étendu (p. 18 à 37).—Shaw a été, de 1720 à 1732, chapelain de la factorerie anglaise à Alger. D'une érudition très-variée, il a pendant son séjour en Afrique parcouru les régences de Tunis et d'Alger. Son ouvrage est, dit M. Guérin, l'un des plus importants que nous ayons sur ces deux contrées; il traite de la géographie, de l'histoire naturelle, du gouvernement et des mœurs des pays qu'il a visités, et il essaye par des rapprochements quelquefois erronés, souvent aussi fort exacts, d'identifier les noms modernes avec les noms antiques.

Peyssonnel et Desfontaines. Voyages dans les régences de Tunis et d'Alger, publiés par M. Dureau de Lamalle. Paris, 1838. 2 vol. in-8°.

Médecins l'un et l'autre, dit M. Guérin, ces deux naturalistes avaient été chargés d'explorer, dans l'intérêt de la botanique principalement, les parties septentrionales de l'Afrique. Le premier accomplit son voyage de 1724 à 1725 ; le second de 1783 à 1786. Ils s'efforcèrent en même temps de joindre aux renseignements qu'ils fournissent pour les sciences naturelles, d'autres non moins profitables pour l'histoire et la géographie.

Voyage à Alger, Tunis et Tripoli, entrepris aux frais et par ordre de Frédéric-Auguste, roi de Pologne, en 1732, par J. E. Hebenstreit, professeur de médecine à l'Université de Leipzig. (*Nouvelles Annales des voyages*, publiées par Eyries, etc., t. xlvi, 1830.)

C'est la traduction de quatre lettres adressées en allemand au roi de Pologne, et publiées après la mort de l'auteur, par Bernoulli, Sammlung Kleiner Reisen, Berlin et Leipzig, 1780. A partir de la p. 60, commence le récit du voyage de Hebenstreit à Tunis. On y trouve des renseignements sur les anciens aqueducs, le port, le gouvernement, les noms et distances des villes et ruines le long de la côte, la population, le commerce, les usages, les productions, etc. On a aussi de cet auteur une dissertation latine peu développée et peu instructive sous ce titre : De Antiquitatibus romanis, per Africam repertis. Leipzig, 1733. In-4°.

Nouveau voyage à Tunis, publié en 1811, par Thomas Maggill (Mac Gill), et traduit de l'anglais avec des notes, par M ***. Paris, Panckouke, 1815. In-8°.

Cet ouvrage avait paru en anglais à Glascow, en 1811, sous ce titre : An account of Tunis, of its government customs and antiquities, especially of its productions, manufactures and commerce. In-8°.

Voyage de S. A. R. le duc de Montpensier à Tunis, en Égypte, en Turquie, en Grèce, rédigé par A. DE LATOUR.

Un vol. gr. in-8° et atlas in-folio de 32 planches, dessinées par Sinety, et lithographiées par Bayot, Dauzats, Guiaud, Mayer, etc. Paris, Arthur Bertrand, 1847.

Voyage à Tunis, de M. Amable CRAPELET en 1859. (Tour du monde, 1864, Num. 262 et 263.)

Indiquons aussi le voyage du major-général sir GRENVILLE T. Temple, publié en anglais, sous ce titre : Excursions in the Mediterranean, Algiers and Tunis. 2 vol. in-8°. Londres, 1835.

Cet ouvrage est avec celui de Shaw, dit M. Guérin, le plus savant et le plus exact que nous ayons sur ce pays. C'est le récit d'un voyage fait en Barbarie pendant les années 1832 et 1833. Sir Grenville Temple décrit avec précision toutes les localités et tous les monuments qu'il a visités.

Un analyse du voyage de sir Grenville Temple a paru dans les *Nouvelles Annales des voyages*, publiées par Eyriès, t. LXVI. Elle renferme des détails utiles à consulter sur l'amphithéâtre de Tysdrus.

Description ou histoire des villes ou provinces de la Régence.

Kairouan, par V. GUÉRIN. (*Bulletin de la Société de géographie*, 4ᵉ série, tom. 20, pag, 425.)

Kairouan, dont M. Guérin donne la description et l'his_toire, est la capitale religieuse de la Régence, la cité sainte par excellence, véritable métropole du culte où le Croissant domine sans partage.

Lettre de M. DESFONTAINES à M. Lemonnier, de l'Académie des sciences. (*Nouvelles Annales des voyages*, tom. XLVII, pag. 60. 1850.)

Cette lettre, du 15 avril 1784, contient des détails archéologiques et une description de Kairouan, Calsa, Le Gerid, Sfaïtla et Sbiba.

Notice historique sur le caïdat de Sfax, par A. ESPINA. (*Revue de l'Orient*, 2ᵉ série, t. XIII, pág. 142.)

Lettre de M. PRICOT DE SAINTE-MARIE. (*Bulletin de la Société de géographie*, 3ᵉ série, t. IX, pag. 49.)

Excursion au cap Bon, à la ville des Troglodytes, aujour-
d'hui Grar-Mta-Dar-el-Amen.

Lettre de M. Ch. Guys. (*Bulletin de la Société de géographie*, 1" série, t. 5, pag. 548.)
Cette lettre rappelle les souvenirs historiques de la Régence et est accompagnée d'une note sur l'île de Zerbi,
située à l'extrémité du royaume de Tunis du côté du sud.

Lettre de M. H. DUVEYRIER sur son voyage dans le sud de
la Tunisie et à la frontière orientale de l'Algérie. (*Nouvelles
annales des voyages*, 1868, t. II. pag. 356.)

—

Le Bey de Tunis, par D. et H. (*Revue de l'Orient*, 1844, t. IV, p. 83.)

Polémique à propos de diverses questions politiques.

Tripoli et Tunis. Considérations sur la possibilité d'une invasion des Turcs dans la régence de Tunis par les frontières de Tripoli, par E. Subtil. (*Revue de l'Orient*, 1845, t. VII, p. 281.)

Remarques sur un voyage de M. Brandin à Tunis, et sur les sages réformes commencées par S. A. Ahmet Bey, par Roux de Rochelle. (*Bulletin de la Société de géographie*, 1847, 3ᵉ série, t. VII, p. 68.)

Achmet-Pacha, bey de Tunis, et des réformes récentes qu'il a faites dans le gouvernement de ses États, par M. Daux. (*Revue de l'Orient*, 1848, 2ᵉ série, t. IV, p. 342.)

E. Pellissier. La régence de Tunis, le gouvernement des

beys et la société tunisienne. (*Revue des Deux-Mondes*, 1er mai 1856.)

Les Réformes en Tunisie, par M. Clément DUVERNOIS. (*Revue de l'Orient*, 1858, 3e série, tom. VII, pag. 83, 143 et 202.)

La Constitution de Tunis et sa nouvelle promulgation. (*Revue orientale et américaine*, tom. V, pag. 285 et 321. 1860.)

Élaborée en 1858, rédigée, acceptée et promulguée en 1860, la constitution traduite par M. Léon de Rosny, a été accompagnée par lui d'un préambule historique et d'un résumé qui fait saisir plus rapidement l'esprit de cet important document, qui introduit la Tunisie dans la grande famille des peuples civilisés et la place au premier rang des nations de l'Orient moderne.

Étude sur les progrès de la civilisation dans la Régence de Tunis, par Émile CARDON. (*Revue du monde colonial*, 1861, 2e série, t. I, p. 305, 378 et 487.)

Cet essai, précédé d'un travail rétrospectif, a été tiré à part.

Le Progrès en Tunisie, par Émile CARDON. (*Revue du monde colonial*, 2e série, t. VI, p. 345.)

Résultats des réformes amenées par la constitution promulguée en 1860.

La France à Tunis, par W. DE FONVIELLE. (*Revue du monde colonial*, 1864, 3e série, t. I, p. 352.)

Article politique.

Le Télégraphe en Tunisie, par GROSJEAN. (*Annales télé-graphiques*, t. III, 1860.)

—

J.-R. Bourguignat. Malacologie de l'Algérie ou histoire naturelle des animaux mollusques, terrestres et fluviatiles, recueillis jusqu'à ce jour dans nos possessions du nord de l'Afrique. 1 volume et atlas, 1863 et 1864. Paris, Challamel.

Cet ouvrage comprend cinq parties, parmi lesquelles nous signalerons la première : Bibliographie algérienne, et la cinquième : Des espèces algériennes par rapport aux espèces de l'Europe, du Maroc et de la Régence de Tunis.

Observations sur les plantes économiques qui croissent dans les royaumes de Tunis et d'Alger, présentées à l'Académie des sciences par M. Desfontaines. (*Nouvelles Annales des voyages* publiées par Eyries, tom. xlvii, 1830, pag. 321 à 35 9)

Les principales plantes étudiées dans ce travail sont les dattiers, l'arbre à mastic, l'olivier, les grains et les céréales.

Crocodiles de l'Oued Takmalet, dans le Sahara tunisien,
par le baron AUCAPITAINE. (*Nouvelles Annales des voyages,*
1860, t. I, p. 232 à 234.)

—

VENTURE DE PARADIS. Grammaire et dictionnaire abrégés de la langue berbère, publiés dans le *Recueil de voyages et de mémoires*, publié par la Société de géographie, t. VII. Paris, in-4°, 1854.

C'est, dit l'auteur dans sa préface, la langue que l'on parle depuis les montagnes de Sous, qui bordent la mer océane, jusqu'à celles de Meletis, qui dominent sur les plaines de Kairouan dans le royaume de Tunis.

Venture du Paradis avait aussi envoyé à Raynal des réponses à ses questions sur Tunis, Tripoli, Maroc, etc., qui sont à la bibliothèque impériale dans les manuscrits de Raynal, et ont été imprimées en partie dans l'histoire philosophique et politique des établissements du commerce des Européens dans l'Afrique septentrionale. Ouvrage posthume de Raynal, publié par Peuchet en 1826. 2 vol. in-8°.

BLED DE BRAINE. Cours synthétique, analytique et pratique de la langue arabe, ou les dialectes vulgaires africains d'Alger, de Maroc, de Tunis et d'Égypte, enseignés sans maîtres, 1846. 1 vol. gr. in-8°.

Marcel. Vocabulaire français arabe des dialectes africains d'Alger, de Tunis, de Maroc et d'Égypte. Paris, 1837. In-8°.

Bibliographie des travaux publiés en Europe et en Amérique sur la langue berbère. Travail de M. de Slane, publié en appendice à sa traduction de l'histoire des Berbères d'Ibn-Khaldoun (p. 522 du 4ᵉ vol.). Indication de plus de quarante articles, dont la plupart empruntés à une étude publiée par M. d'Avezac dans le t. xiv, 2ᵉ série de la *Société de géographie*. — M. de Slane y a joint un catalogue des manuscrits berbères de la bibliothèque impériale.

Archéologie.

Victor Guérin. Voyage archéologique dans la Régence de Tunis, exécuté et publié sous les auspices et aux frais de H. d'Albert, duc de Luynes. Paris, 1862. 2 vol. in-8° avec une carte et un plan.

Voici, disait M. de Circourt dans un rapport sur cet ouvrage, quel était le but de M. Guérin : constater l'état actuel et la valeur tant scientifique qu'archéologique des restes de l'antiquité existant sur le sol de la Régence, relever les inscriptions en langues diverses qui s'y rencontrent, en omettant seulement de recopier celles dont il serait certain qu'une transcription exacte se trouve déjà dans la possession du public savant ; enfin, recueillir des informations précises sur l'emplacement des villes anciennes situées dans ces territoires ; identifier leurs noms transmis par diverses voies d'information, et rétablir ainsi la nomenclature tant romaine que punique des montagnes et des cours d'eau compris dans les possessions de la république de Carthage, dans l'Afrique proprement dite des Romains.

M. Guérin avait, avant la publication de son voyage, donné une analyse des résultats principaux qu'il avait obtenus,

dans les *Nouvelles Annales des voyages*, n° de décembre
1860.

Divers comptes-rendus du voyage de M. Guérin ont été
publiés. Nous citerons celui de M. de Circourt, dans les
Nouvelles Annales des voyages (1863, to .. II), et celui de
M. Poulain de Bossay, dans le *Bulletin de la Société de géographie* (5° série, t. VIII, 1864).

Antiquités de la régence de Tunis, par M. PRICOT DE
SAINTE-MARIE, capitaine d'état-major. (*Bulletin de la Société
de géographie*, 3° série, t. VIII, 1847)

Ce travail renferme quelques inscriptions romaines, recueillies à El-Djem, anciennement Tysdrus, à Gabeuss.

On peut rapprocher de ces découvertes le rapport de
M. Paul Chaux sur les fouilles faites à Tysdrus, par sir
Grenville Temple. (*Bulletin de la Société de géographie*, 3° sé-
rie, t. VII, 1847.)

AMEILHON. Mémoire sur une inscription ou fragment d'une
inscription sur une plaque de cuivre trouvée à Tunis et
adressée à l'Académie des inscriptions, par M. de la Lu-
zerne, ministre de la marine. (*Mémoires de l'Académie des
inscriptions*, 1789, t. XLIX, p. 501.)

E. PELLISSIER. Trois lettres à M. Hase : 1° sur les anti-
tiquités de la Régence ; 2° sur les antiquités de la partie
ouest de la Régence, sur les antiquités de Nakter et de l'ancienne Zeugitane, 1847 et 1848. In-8°.

Sur diverses inscriptions romaines de Tunisie, par le général CREULY. (*Revue archéologique*, t. XV, p. 285, 1858.)
Le savant épigraphiste passe en revue une série de tra-

vaux sur les antiquités tunisiennes, publiés dans la *Revue
algérienne*, en avril 1857, par le capitaine Lewal, et en juin
1858, par M. A. Rousseau.

Extrait d'une lettre de M. SAKAKINI, sur les travaux de
M. Hanegger dans la Régence de Tunis. (*Bulletin de la Société de géographie*, 2ᵉ série, t. III, p. 64, 1855.)

M. Hanegger, professeur d'archéologie à Donaneschin-
gen, s'était alors rendu à Tunis depuis deux ans pour y ré-
diger une statistique générale de la régence, accompagnée
de levés topographiques.

D'autres articles publiés dans le même bulletin en 1845
(t. XIX, p. 128 et 175) montrent que M. Hanegger conti-
nuait ses fouilles et avait découvert un tombeau et des inscriptions à Mohammed Bey, près Magarao. Les objets provenant de ces fouilles furent envoyés au British Museum.

Les ruines de Tiboursek, en Tunisie, par M. le lieutenant A. GUITER. (*Nouvelles Annales des voyages*, 1862, t. II,
p. 115.)

Tibursek est l'ancienne ville romaine de Tibursicum-
bure.

La Régence de Tunis à l'Exposition de 1867 Histoire du
travail.

Dans la deuxième partie du catalogue de l'Histoire du travail, p. 628, se trouve une notice sur la collection d'antiquités exposée, provenant des fouilles pratiquées dans le sol
de Carthage par les soins de S. E. Sidi Mohammed ben
Moustafa, fils du premier ministre du bey. Le résultat de
ces recherches avait été communiqué à M. de Longpérier;
et c'est un extrait du catalogue rédigé par M. de Longpé-

rier, pour l'Académie des inscriptions, que M. le baron Jules de Lesseps, commissaire général du gouvernement tunisien, a cru devoir insérer. En première ligne, se trouvent vingt-deux inscriptions carthaginoises qui doivent prendre place dans le recueil des inscriptions sémitiques que prépare l'Académie dés inscriptions; puis, viennent des sculptures antiques, inscriptions latines, mosaïques, monnaies, pierres gravées, vases, lampes et manuscrits.

Carthage.

—

C.-T. Falbe. Recherches sur l'emplacement de Carthage, suivies de renseignements sur plusieurs inscriptions puniques inédites, etc., avec un plan topographique du terrain et des ruines de la ville dans leur état actuel et d'autres planches. Paris, 1837. 1 vol. in-8°.

Dureau de la Malle. Recherches sur la topographie de Carthage, avec des notes, par M. Dugaste. Paris, 1837. 1 vol in-8°.

Letronne a publié, dans le *Journal des Savants* de 1837, deux articles critiques (p. 641 et 727) sur les ouvrages qui précèdent.

Dureau de la Malle a publié aussi avec M. Yanoski un travail sur Carthage dans l'*Univers pittoresque*. Paris, 1844. In-8°, Didot.

Beulé. Fouilles à Carthage, Paris, 1860. In-8°.

Cet ouvrage résume les belles fouilles si habilement exécutées par l'auteur en 1859, sur le plateau et les pentes de Byrsa, ainsi que sur l'emplacement des ports et de la nécropole de Carthage.

On peut consulter, à cette occasion, un article de M. Beffroy de Reigny, dans la *Revue de l'instruction publique* (1860, n° du 22 novembre), un extrait d'une lettre de M. Beulé à l'Académie des inscriptions dans les *Nouvelles Annales des voyages* (1859, t. II, p. 257), et des articles de M. Menu de Saint-Mesmin, dans le *Moniteur universel* du 8 octobre 1868 et jours suivants [1].

En parlant de l'exposition rétrospective, nous avons cité les inscriptions phéniciennes découvertes à Carthage et que M. de Longpérier doit publier. Nous signalerons encore, pour les inscriptions phéniciennes, l'ouvrage suivant :

Toison d'or de la langue phénicienne, par l'abbé Bourgade: Recueil d'inscriptions puniques trouvées sur les ruines de Carthage et sur divers points de la Régence de Tunis. Deux éditions, dont la seconde in-f°. Paris, Didot, 1856.

Ce travail renferme la transcription, en caractères hébreux de chaque inscription, et la traduction en latin et en français.

Une brochure in-12, publiée par l'abbé Bourgade, en 1857, sous ce titre : Baal-Hah (maître de l'anneau, c'est-à-dire Mercure), Paris, Didot ; comprend quelques-unes des inscriptions reproduites dans la Toison d'or.

Godard Faultrier. Étude sur un vase en plomb trouvé dans les ruines de Carthage. Angers, Lachèse, 1867. In-8°.

Ce vase, placé à l'Exposition universelle dans la région tunisienne, a aussi fourni à M. Edmond Le Blant, le sujet

[1] Ajoutons à ces indications l'ouvrage du docteur Davis, intitulé : Carthage and her remains, being an account of excavations and researches on the site of the Phœnician metropolis in Africa, and other adjacent places, conducted under the auspices of Her Majesty's government. Londres, 1860. In-8°.

d'une communication à la Société des Antiquaires de France.

A. JOUAULT. Les Ruines de Carthage, la chapelle de saint Louis. *Revue de l'Orient*, 2ᵉ série, t. XIV, 1853, p. 123.)

Dᵣ CAMILLE RICQUE. Les Dieux de Carthage. (*Revue de l'Orient*, 3ᵉ série, t. XVI. 1863, p. 376.)

SAINT-MARC GIRARDIN. De la domination des Carthaginois et des Romains en Afrique, comparée avec la domination française. (*Revue des Deux-Mondes*, 1841, 1ᵉʳ mai.)

Citons encore les ouvrages suivants, publiés en Allemagne sur l'histoire et la religion des Carthaginois :

CHR. HENDREICH. Carthago sive Carthaginiensium respublica. Francfort, 1664. In-8°.

Die religion der Karthager, von Fried. MÜNTER. Kopenhagen, 1821. In-4°. Die religion der Babylonier, 3 beÉtrage zur religion der Karthager, von Münter, id. 1827.

Dᵣ F. K. MOVERS. Die Phonizier, 1. religion der Phonizier mit Rusksicht auf die Carthager, Syrer, Babylonier, Assyrer und Œgypter. Bonn, 1841 à 1856. 3 v. in-8°.

Voir au sujet de cet ouvrage une série d'articles de Quatremère dans le *Journal des Savants* de 1857.

Manuscrits.

———

Mémoire concernant l'état présent du royaume de Tunis et ce qui s'est passé de plus remarquable entre la France et cette Régence, depuis 1701 jusqu'en 1752, par M. POIRON, commissaire des guerres à Toulon.

Manuscrit in-folio. Bibliothèque impériale, n° 13084, p. 148 à 276.

Ce travail comprend les chapitres suivants : 1° Avant-propos, pag. 148 ; 2° du royaume de Tunis et de son étendue, de ses forces et des revenus du souverain, pag. 153 ; 3° du caractère et des mœurs des divers peuples qui habitent le royaume de Tunis, pag. 163 ; 4° de la forme du gouvernement de Tunis, pag. 172 ; 5° de la ville de Tunis et de ses dépendances, pag. 181 ; 6° des souverains de Tunis, p. 189 ; 7° Assem Ben Aly, bey de Tunis, depuis 1701 jusqu'en 1736, et bey de Sousse jusqu'en 1740, pag. 192 ; Aly Pacha, bey régnant, pag. 156.

L'auteur du travail, dont le manuscrit de la Bibliothèque impériale n'est qu'une copie, dit dans son avant-propos, « qu'il vint à Tunis avec l'escadre du roy, composée de six vaisseaux, sous le commandement de M. le chevalier de

Villarzel, et arriva à la Goulette le 5 août 1752. Mes fonctions sur cette escadre (il était commissaire des guerres) m'ayant obligé de rester à Tunis pendant tout le temps que les vaisseaux restèrent mouillés à la Goulette, j'y remarquay une si grande fermentation dans les esprits que je fus curieux de m'instruire du motif de la révolte de Sid y Gomez contre le bey, son père, et des principaux événements qui étaient survenus pendant cinquante-cinq jours que ce prince resta assiégé à Tunis, par ses frères. M. Fort, consul de France, parfaitement instruit des intrigues du bardou, ainsy que nos commerçants établis à Tunis m'en confièrent le détail. J'en pris des notes et je poussay mes questions jusques sur les mœurs des naturels du pays, les forces du royaume, son gouvernement, son étendue, son commerce et sa fertilité, je m'instruisis surtout du caractère des princes régnants.

« Pour mieux développer celuy d'Aly Pacha, qui règne aujourd'huy, j'ai été obligé de remonter jusqu'à son prédécesseur, et comme celui-cy a vécu fort longtemps, mes recherches m'ont mené jusqu'au commencement de ce siècle. J'aurais souhaité pouvoir pénétrer plus haut, mais je n'aurois eu que des matériaux informes. Ce qu'il y a de certain, c'est que par ce que j'ai à dire sur le gouvernement et les peuples de Tunis, on pourra juger à peu près des États d'Alger et de Tripoly, et on aura, quant à ces deux objets, une idée assez claire de ces trois régences. »

Mémoires du sieur DE LA CROIX, contenant l'état présent de l'église grecque et les révolutions du royaume de Tunis. Ancien fonds de Versailles, n° 123.

Mémoire adressé au roi (Henri IV ou Louis XIII), par

Blaise Reimond **MERIGON**, de Marseille, sur les avantages de conquérir les royaumes d'Alger, de Tunis et de Tripoli.

Fonds Saint-Germain, n° 778.

Etat des places que les princes mahométans possèdent sur les côtes de la mer Méditerranée.

Supplément français, n° 19.

Table alphabétique des Auteurs cités.

	Pages
Abou Abdallah Mohammed ben Ibrahim El Lowlowi	14
Al Aliaci Moula Ahmed	15
Amari	10
Ameilhon	34
D'Avezac	15, 32
Aucapitaine	20
Berbrugger	14, 15
Bernes	19
Beulé	37
Bignan	14
Bled de Braine	31
Bourgade	38
Bourguignat	29
De Brèves	18
Cardon	27
Carette	4
Champollion	9
Chaux	34
De Charencey	6
Charrière	10
Cherbonneau	16
Clark Kennedy	6
Crapelet	23
Comelin	19
Creuly	34
Cubisol	6
Dan	17
Daux	26
Davis	38
Desfontaines	22, 23
Duesberg	3, 28
Dunant	5
Dureau de la Malle	22, 37
Duvernois	27
Duveyrier	25
Duvivier	5
Edrisi	16
El-Abdéry	16
El-Tidjani	15
El-Bekry	16
Espina	23
Falbe	5, 37
Finotti	6
De Flaux	6
De Fonvielle	27
Frank	8
Geoffroy	19

	Pages		Pages
Godart Faultrier	38	Mohammed bel Abi el Raini el Kairouani	
Grenville Temple	23	Morcelli	
Grosjean	28	Movers	
Guérin	12, 23, 33	Münter	
Guiter	35	Napolon	
Guys	25	Pellissier	3, 13, 26,
Hanegger	35	Peyssonnel	
Hebenstreit	22	Poiron	
Helyot	11	Prax	4,
Hendreich	30	Pricot de Sainte-Marie	5, 24,
Hhaggi Ebn al Dyn el Egouâthy	45	Raynal	
Ibn-Haugal	16	Reinaud	
Ibn-Kaldhoun	14	Remusat	
Jaubert	16	De Richoufiz	
Joinville	11	Ricque	
Jouault	39	De Rosny	
De La Croix	41	Rousseau	8, 44,
De La Faye	19	Roux de Rochelle	
De La Motte	19	Royer de Prébadé	
De Latour	23	Ruinart	
Laugier de Tussy	48	De Sacy	
Le Blant	38	De Saint-Gervais	
Leroi	18	Saint-Marc Girardin	
Le Nain de Tillemont	44	Sakakini	
Lewal	35	Shaw	
De Longpérier	35	De Slane	
Mac Gill	22	Spratt	
Mannert	3	Subtil	
Marcel	8, 32	De Testa	
Marcus	3	Tissot	
De Mas Latrie	9	Venture de Paradis	
Mauroy	7	Vivien de Saint-Martin	
Merigon	42	De Wies	
		Yanoski	

ARRAS. — TYPOGRAPHIE ROUSSEAU-LEROY.

8
2
9
9
4
4
12
10
7
34
31
9
13
11
30
27
15
26
18
12
10
19
30
35
21
32
6
26
9
5
31
3
17
37

BIBLIOTHÈQUE
NATIONALE

CHÂTEAU
de
SABLÉ

1990